इश्क़ : दो नाम, एक सफर

सरीना यादव

BookLeaf Publishing
India | USA | UK

Made with ❤ on the BookLeaf Publishing Platform
www.bookleafpub.in
www.bookleafpub.com

Dedication

"इश्क़ : दो नाम, एक सफर "समर्पित है उन सभी लोगों को जिन्होंने कभी इश्क़ किया हो, किसी को दिल से चाहा हो, किसी की यादों में खुद को खोया हो। यह उन एहसासों को सिर्फ शब्द नहीं, बल्कि जिंदगी का सबसे खूबसूरत सफ़र बना देते हैं।

Preface

इश्क़... एक ऐसा एहसास है जिसे शब्दों में बाँधना आसान नहीं। ये सफर सिर्फ मोहब्बत का नहीं, बल्कि समझ का है ... धैर्य का है ... और उन खामोशियों का भी है जो बिना कुछ कहे सब कह जाती है। यहा इश्क़ सिर्फ मीठे लफ़्ज़ों में नहीं, बल्कि मुश्किल वक़्त में थामे गए हाथों में दिखता है, गिरकर फिर साथ उठने की हिम्मत में दिखता है।

इस किताब के पन्नों में आपको वो एहसास मिलेंगे क्योंकि ये कहानी किसी एक की नहीं ... शायद आपकी भी हो सकती है।
"इश्क़ : दो नाम, एक सफर " जहाँ 'मैं' और 'तुम' की सरहदें मिट जाती हैं, और सिर्फ 'हम' का एहसास रह जाता है ...

Acknowledgements

"इश्क़ : दो नाम, एक सफर मेरे लिए सिर्फ शब्दों को पन्नों पर उतारना नहीं था, बल्कि उन एहसासों को जीना था जो कभी दिल में खामोशी बनकर बसे रहे। मैं उन सभी लोगों का आभार व्यक्त करती हूँ जिन्होंने मुझे समझा, प्रेरित किया और हर मोड़ पर मेरा साथ दिया। अपने परिवार और दोस्तों का विशेष धन्यवाद, जिनके विश्वास और हौसले ने मुझे इस सफ़र को पूरा करने की ताकत दी।

और सबसे ज्यादा धन्यवाद उन पाठकों को जिन्होंने कभी दोस्ती और इश्क़ को महसूस किया है... चाहे वो पूरा हुआ हो या अधूरा रह गया हो...

क्योंकि इश्क़ कभी खत्म नहीं होता, वो बस एक नाम से दूसरे नाम तक, एक दिल से दूसरे दिल तक... सफर करता रहता है...

आख़िरी दिनों की पहली बात

कॉलेज का वो आख़िरी दिन था,
पढ़ना-लिखना खत्म होने को था,
पर शायद किस्मत को कुछ और ही कहना था,
तुमसे मिलना जैसे कुछ नया शुरू होने को था।

पहली बार जब तुम्हें देखा,
दिल को कुछ अलग सा लगा,
समझ नहीं आया क्यों,
पर वो एहसास बहुत सच्चा लगा।

तुमने भी हल्का सा मुस्कुराकर,
मेरे डर को आसान कर दिया,
तुम्हारे एक "हैलो" ने न जाने कैसे,
मेरे दिल को अपना कर लिया।

फिर बातों का सिलसिला बढ़ा,
और हम दोस्त बन गए,
तुमने मेरे ख्वाबों को सुना,
और रास्तों का मतलब समझा दिया।

करियर की उलझनों में जब मैं खोई थी,
तुमने हर सवाल को सुलझा दिया,
मेरी हिम्मत बनकर तुमने,
मंजिल का आईना दिखा दिया।

ना सिर्फ एक एहसास रहे तुम,
ना सिर्फ कोई पहली नजर का प्यार,
तुम बने मेरी सोच की ताकत,
और मेरी राहों के रखवाले।

वो पल छोटा सा था,
पर एहसास बहुत गहरा था,
जैसे आख़िरी पन्नों में ही,
किसी कहानी का पहला सवेरा था।

ना कोई वादा, ना कोई इकरार,
बस एक मासूम सी ईमानदार शुरुआत थी,
कॉलेज खत्म होने को था,
पर दिल में एक नई मुलाक़ात थी।

आज भी याद आता है वो दिन,
जब पहली बार तुमसे बात हुई थी,
और उस मुलाक़ात के बाद ही,
एक खूबसूरत दोस्ती की शुरुआत हुई थी।

बिन नाम अपना सा रिश्ता

जब से उससे बात शुरू हुई,
तब से जैसे मैं बदल सी गई,
हर बात जो दिल में रहती थी,
अब उससे कहने की आदत सी हो गई।

अच्छी हो या बुरी हर बात,
पर्सनल हो या प्रोफेशनल की कहानी,
हर बात पहले उसी तक जाती है,
जैसे वो मेरी हर बात का ठिकाना हो।

दिन कैसा था, क्या महसूस हुआ,
सब कुछ उसे बताना जरूरी सा लगता है,
उससे बात करके हर बार,
दिल हल्का सा हो जाता है।

अब तो वो मेरा हिस्सा सा बन गया है,
जैसे मेरे बिना अधूरा है वो,
और उसके बिना अधूरी हूँ मैं,
जैसे एक ही कहानी के दो पहलू हो।

बिन कहे भी समझ जाता है,
मेरी खामोशी तक पढ़ लेता है,
ये रिश्ता ना जाने क्या है,
पर दिल को सुकून दे जाता है।

मेरी हर सोच में उसका अक्स है,
मेरी हर दुआ में उसका जिक्र है,
शायद यही वो सिलसिला है,
जो दिल चुपके से चाहता है,
किसी एक शख्स में पूरी दुनिया ढूंढ लेना,
और उसी में खुद को पा लेना...

नाम नहीं है इस रिश्ते का,
पर अपना सा लगता है,
शायद यही "बिन नाम अपना सा रिश्ता"
धीरे-धीरे दिल में बसता है ...

दूरी में भी धड़कता प्यार

करियर की राहों ने हमें अलग मोड़ दे दिया,
नौकरी की मजबूरियों ने शहर भी बदल दिया।
मैं यहाँ अपने सपनों को संवारती रहीं,
और तुमसे दूर होकर भी तुम्हें निहारती रही।

फासले बढ़े, मगर मेरा प्यार कम न हुआ,
तुम्हारी यादों का असर कभी नम न हुआ।
हर रात तुम्हारे ख्यालों में खुद को सुलाती हूँ,
हर सुबह तुम्हारी मुस्कान में ही जाग जाती हूँ।

वो अधूरी बातें, वो अधूरी मुलाकातें,
फिर भी मेरे दिल में पूरी है सारी सौगातें।
ना हाथों का साथ, ना पास होने का एहसास,
पर मेरे दिल में बसता है तुम्हारा ही विश्वास।

कभी तो वक़्त हमें फिर से करीब लाएगा,
ये लंबा फासला भी एक दिन मिट जाएगा।
तब मैं कहूँगी - ये दूरी भी जरूरी थी,
क्योंकि इसी में मेरी मोहब्बत सबसे ज्यादा पूरी थी।

वो आखिरी मुलाक़ात

वो आखिरी मुलाक़ात थी शायद,
पर दिल मानने को तैयार न था।
तुम सामने थे, फिर भी लग रहा था,
जैसे कुछ अब पहले जैसा रहा न था।
बातें भी बहुत, पर खामोशी गहरी थी,
नजरें मिलती, फिर झुक जाती थी।
हाथ छूकर भी जैसे दूर हो गए,
उस एक पल में कितने ही साल बिखर गए।
तुमने कहा - " ख्याल रखना ",
और मैंने मुस्कुराकर " हाँ " कह दिया।
पर उस छोटी सी बात में ही,
दिल ने जैसे सब कुछ सह लिया।
ना कोई शिकायत, ना कोई ईल्जाम था,
बस वक्त का ही हम पर एक एहसान था।
जो मिला था, वो खूबसूरत था बहुत,
और जो खो गया, वो भी कम न था।
तुम मुड़कर चले गए, मैं वही ठहर गई,
जैसे उस पल में ही मेरी दुनिया सिमट गई।
वो आखिरी मुलाक़ात थी हमारी,
पर उसकी यादें... हमेशा के लिए साथ रह गई।

बूंदों की खामोश महोब्बत

बादलों के चादर तले, जब शहर भीगने लगता है,
मेरे दिल का हर कोना तेरा नाम लिखने लगता है...
ये जो बूंदें गिरती है, बस पानी नहीं होती,
इनमें छुपी हुई मेरी अधूरी सी कहानी होती है...

तू पास नहीं फिर भी एहसास तेरा रहता है,
हर भीगी हुई राह में तेरा ही चेहरा दिखता है...
हवा की सरसराहट जैसे तेरी आवाज बन जाती है,
और ये बारिश मेरी खामोशी को अल्फ़ाज़ दे जाती है...

कभी छत पर, कभी खिड़की के पास बैठा सोचती हूँ,
क्या तू भी इस बारिश में मुझे याद करता होगा?
ये भीगती हुई शामें, ये ठंडी सी रातें,
हर लम्हा तुझसे मिलने की दुआ बन जाती हैं...

बारिश थम भी जाए तो क्या,
मेरे दिल का ये इश्क़ कभी नहीं रुकता...
दिल चाहता है इस बारिश को यूँ ही थाम लूं,
और इन बूंदों में छुपे हर ख्वाब को तेरे नाम कर दूं...

किस्मत के नाम लिखा इश्क़

किस्मत के नाम लिखा इश्क़,
जैसे रात ने चाँद को पुकारा हो,
जैसे बिना आवाज के भी,
दिल ने तुम्हारा नाम दोहराया हो।
न कोई शोर, न कोई इज़हार,
फिर भी हर धड़कन में तुम शामिल रहे,
वक्त ने कितनी ही राहें बदली,
फ़ासलों ने कितनी ही साजिश की,
पर जो लकीरों में दर्ज था,
उसे मिटाने की हिम्मत कहाँ थी।
तुमसे मिलना इत्तेफाक नहीं,
ये तो हमारे नसीब का लेखा है,
जो इश्क़ किस्मत के नाम लिखा हो,
वो हर हाल में अपना सफर तय करता है।
अब जो तुम हो, तो सब कुछ है,
वरना हर खुशी अधूरी लगती थी,
किस्मत के नाम लिखा ये इश्क़,
आख़िर मेरी जिंदगी की सबसे,
खूबसूरत सच्चाई बन ही गया।

इश्क़ और समाज की बंदिशें

इश्क़ था एक खुला आसमान,
पर समाज ने दे दी उसे जंजीरों की पहचान ...
दिल ने चाहा बस उसका साथ,
पर दुनिया ने पूछ लिया उसका नाम, उसकी जात।

छुप-छुप कर मिलना, नज़रों का झुक जाना,
बातों में खुद को ही समझाना ...
हर खुशी पर एक डर सा छाया था,
जैसे प्यार भी कोई गुनाह बन गया था।

समाज के क़ानून, रिवाजों की दीवार,
बीच में खड़ी थी और एक मज़बूत दीवार...
इश्क़ चीख रहा था खामोशी में,
पर बंदिशें ने उसे क़ैद कर लिया
अंधेरों की रोशनी में।

पर सच तो ये हैं...
इश्क़ कभी हार मानता नहीं,
वो तो रूह में बस जाता है, मिटता नहीं...
बंदिशें सिर्फ जिस्म को रोक सकती हैं,

पर दिल के जज़्बात को कौन रोक पाया है कभी ?
आख़िर एक दिन ये दीवारें गिर जाती हैं,
और मोहब्बत अपनी राह खुद बना लेती है...
क्योंकि इश्क़ अगर सच्चा हो,
तो समाज भी झुक जाता है, और दुनिया नया
अफ़साना लिख जाती है।

यादों में जीता इश्क़

वो इश्क़ अब सांसों में नहीं,
पर यादों में अब भी जिंदा हैं,
ना छू सकते हैं, ना पा सकते हैं,
फिर भी दिल से जुदा नहीं होता,
ये कैसा रिश्ता है जो टूटकर भी,
कभी ख़त्म नहीं होता।
तेरी हँसीं की गूंज अभी भी,
इन दीवारों से टकराती है,
तेरी बातों की खुशबू हर रोज,
मेरे ख्यालों में महक जाती है।
हम साथ नहीं हैं आज मगर,
दिल ये मानने को तैयार नहीं,
यादों में जीता ये इश्क़ मेरा,
किसी हकीकत से कम नहीं।
कभी जो अधूरा रह गया था,
वो आज भी पूरा लगता है,
तेरी यादों का ये सिलसिला,
हर दिन नया सा लगता है।

इंतजार वाला इश्क़

इंतजार वाला इश्क़ था हमारा,
धीरे-धीरे धड़कनों में पला था,
हर रोज तुझे सोचकर ही,
दिल ने खुद को संभाला था।

तारीखें बदलती रही,
मौसम भी आते-जाते रहे,
पर दिल वही ठहरा रहा-
जहाँ हम तुझे चाहते रहे।

तू आया भी तो जैसे हवा बनकर,
छूकर भी अधूरा छोड़ गया,
और मैं आज भी वहीं खड़ी हूँ,
जहाँ तू मुझे छोड़ गया।

मेरे हिस्से का इश्क़ शायद,
हमेशा इंतजार ही रहेगा...
लोग कहते है भूल जाओ उसे,
जो कभी तुम्हारा था ही नहीं,
पर दिल को कौन समझाए ये,

कि वो कभी मेरा था ही नहीं?
लोग पूछते हैं, "क्या मिला उस इश्क़ में?"
मैं मुस्कुरा के कह देती हूँ-
"इंतजार मिला... और क्या चाहिए,
जब दिल को वही पसंद था।"

मेरे हिस्से में तो बस खामोशी है,
और अधूरी सी ये कहानी,
जहाँ हर पन्ने पर लिखा है-
"थोड़ा और इंतजार कर, दीवानी।"

शायद इश्क़ पूरा होना जरूरी नहीं,
कभी-कभी अधूरापन ही खूबसूरत होता है,
और जो मिल ना सके उम्रभर,
वही दिल के सबसे करीब होता है...

हाँ, इंतजार वाला इश्क़ था हमारा,
शायद इसीलिए सच्चा था...
क्योंकि जो मिल जाए आसानी से,
वो अक्सर इतना गहरा नहीं होता...

मैं उसकी 'बस दोस्त' थी

मैं उसे चाहती थी... आज भी चाहती हूँ,
और वो-किसी और को चाहता है,
मेरे हिस्से में बस एक रिश्ता आया-
जिसे वो "दोस्ती" कहता है।

उसकी बातों में अपनापन तो था,
पर इश्क़ की गर्मी कहीं नहीं,
मैं दिल लेकर बैठी थी उसके सामने,
और वो हल्की-सी मुस्कान लिए, कुछ भी नहीं।

वो कहता है-तू खास है मेरे लिए,
और मैं हर बार टूट जाती हूँ,
क्योंकि "खास" के उस दायरे में,
मैं उसकी 'मोहब्बत' नहीं बन पाती हूँ।

मैंने चाहा उसे पूरे हक़ से,
उसने रखा मुझे आधे नाम से,
उसके दिल में कोई और बसा है,
और मैं बस रह गई एक "काम से काम" से।

कभी-कभी सोचती हूँ छोड़ दूँ उसे,
पर दिल है कि मानता ही नहीं,
वो मेरा होकर भी मेरा नहीं,
और ये सच मैं जानती भी हूँ... मानती भी नहीं।

काश वो एक बार पूछता दिल से-
"तू क्या चाहती है?"
तो मैं चुप रहकर भी कह देती-
"बस तुझे... पर पूरा, आधा नहीं।"

ये कैसी मोहब्बत है मेरी,
जहाँ उसे खो भी नहीं सकती,
और पा भी नहीं सकती...
शायद इसी को कहते हैं-
किसी का होकर भी,
उसका कभी न होना।

कहानी मेरी, नाम तुम्हारा

कहानी मेरी थी, पर नाम तुम्हारा था,
हर पन्ने पे बस एहसास तुम्हारा था।

मैं खामोश थी, पर दिल बोलता रहा,
हर धड़कन में एक ख्वाब तुम्हारा था।

सफर अकेला था, राहें भी अनजानी,
पर हर मोड़ पे साथ तुम्हारा था।

मेरी हँसी में छुपी थी जो नर्मी,
उसका हर रंग, हर जाम तुम्हारा था।

कभी सोचा नहीं था यूँ हो जाएगा,
मेरी दुनिया का हर मुकाम तुम्हारा था।

अब भी जब खुद से बात करती हूँ,
हर जवाब में बस नाम तुम्हारा था।

तेरे बिना भी तुझे ढूंढती रही,
मेरी हर तलाश का अंजाम तुम्हारा था।

मेरे सपनों की हर छोटी उड़ान में,
आसमान भी जैसे गुलाम तुम्हारा था।

जब भी टूटी मैं, खुद से रूठी मैं,
मुझे संभालने वाला अरमान तुम्हारा था।

कहानी आज भी मेरी ही कही जाती है,
पर हर सुनने वाले को एहसास तुम्हारा था।

दोबारा हुआ तुमसे प्यार

खामोशियों से दोस्ती कर ली थी मैंने,
दिल को समझा लिया था, अब कुछ नहीं कहना है।

पर तुम आए यूँ हल्के से ज़िंदगी में,
जैसे ठंडी हवा का झोंका तपती दोपहर में।

ना इरादा था, ना कोई चाहत बची थी।
मैंने तो हर उम्मीद कहीं रख दी थी।

पर तुम्हारी एक मुस्कान ने क्या कर दिया,
मेरे सुने दिल में फिर से उजाला भर दिया।

फिर से हँसने लगी हूँ, फिर से जीने लगी हूँ,
तुम्हारे ख्यालों में खुद को पाने लगी हूँ।

डर अब भी है कहीं खो न दूँ तुम्हें,
पर इस बार खुदा से दुआ भी करने लगी हूँ।

तेरी आवाज में एक अजीब सा सुकून है,
जैसे हर दर्द का मिलता मुझे जुनून है।

तेरे साथ हर पल कुछ खास सा लगता है,
जैसे वक़्त भी ठहर कर हमें देखता है।

अब जो भी हूँ, तेरे होने से हूँ,
मेरी हर कमी में भी बस तेरी रोशनी है।

तेरे बिना जो अधूरी सी थी मेरी दुनिया,
अब हर तरफ बस तेरी मौजूदगी है।

दोबारा हुआ है तुमसे प्यार यूँ,
जैसे पहली बार दिल ने खुद को पाया हो।

जो प्यार करते हैं...

जो प्यार करते हैं,
वो हर बात नहीं कहते,
कभी चुप रहकर भी,
हजार जज़्बात कह देते हैं।
जो प्यार करते हैं,
वो वक़्त नहीं गिनते,
एक पल में ही
पूरी उम्र जी लेते हैं।

जो प्यार करते हैं,
वो जीत-हर नहीं देखते,
तुम मुस्कुरा दो बस,
अपनी हर खुशी हार देते हैं।
जो प्यार करते हैं,
वो दूरियों से नहीं डरते,
रिश्तों की डोर को,
खामोशी से भी थामे रखते हैं।

जो प्यार करते हैं,
वो अधूरे नहीं होते,

चाहे साथ हो या न हो,
दिल में हमेशा पूरे होते हैं।
जो प्यार करते हैं,
वो खुद से थोड़ा कम,
और तुमसे थोड़ा ज्यादा,
हर दिन जीते हैं...
क्योंकि उनका हर "मैं"
तुममें कहीं खो जाता है।

अधूरी प्रेम कहानी

तुम आए थे मेरी जिंदगी में
जैसे चुपके से कोई ख्वाब उतार आता है
बिना आवाज के... और मैं
तुम्हें महसूस करते करते
खुद को ही भूल बैठी थी।

तुम्हारी बातों में एक
अजीब -सी सुकून थी
जैसे हर सवाल का जवाब
बस तुम्हारे पास ही हो...
और मैं हर रोज
तुममें थोड़ा-थोड़ा घर ढूंढने लगी थी।

पर शायद किस्मत को
हमारी कहानी मंजूर नहीं थी
तुम पास होते हुए भी
कभी मेरे हो नहीं पाए... और मैं
तुम्हें अपना कहते -कहते
खुद से ही दूर हो गई।

मैंने छुपा लिए थे
अपने सारे जज़्बात
होठों तक आते-आते
हर लफ़्ज ठहर जाता था...
क्योंकि डर था
कहीं ये अधूरा सा रिश्ता भी
पूरी तरह खो न दूँ।

शायद हम कभी
एक नहीं हो पाएंगे
पर ये दिल मानता नहीं
क्योंकि जो तुम्हारे लिए महसूस किया,
वो आज भी उतना ही सच्चा है।

हाँ, मेरी कहानी अधूरी है...
पर मेरा प्यार नहीं।

तुम सिर्फ दोस्त नहीं

तुम सिर्फ दोस्त नहीं हो,
ये बात मैं हर दिन
अपने दिल से छुपाती हूँ...
पर हर धड़कन
तुम्हारा ही नाम दोहराती है।

तुम्हारे साथ हँसना
बस हँसी नहीं लगता,
जैसे हर पल में
कोई अधूरा सपना पूरा हो जाता है।

तुम्हारी बातें,
जैसे सुकून का कोई कोना,
जहाँ मैं खुद को भूलकर
सिर्फ तुम्हें जीना चाहती हूँ।

तुम्हारा ख्याल आना
अब आदत सा बन गया है,
जैसे सुबह की पहली किरण
बिना पूछे चली आती है।

तुम सिर्फ दोस्त नहीं हो,
ये एहसास अब गहरा हो चला है...
पर डर लगता है,
कहीं ये सच कह दिया
तो तुम्हें खो न दूँ।

इसलिए आज भी
तुम्हें दोस्त ही कहती हूँ,
पर दिल के किसी कोने में
तुम मेरा सबसे खास रिश्ता हो...
जिसका नाम
अब तक मैंने रखा ही नहीं।

सुकून भरा प्यार

छत्तीस की उम्र में
प्यार थोड़ा शांत होता है,
न ज्यादा शोर,
न ज्यादा दिखावा...
बस दिल में
धीरे से बस जाता है।

अब हर बात कहनी नहीं पड़ती,
तुम समझ जाते हो,
और मैं महसूस कर लेती हूँ...

तुम्हारे साथ बैठना,
चाय पीना,
और छोटी-छोटी बातें करना
यही सबसे खास लगता है।

इस उम्र का प्यार
जल्दी नहीं करता,
धीरे धीरे गहरा होता जाता है।

तुम पास हो
तो सब अच्छा लगता है,
और दूर हो
तो भी तुम्हारा एहसास रहता है।

हाँ, ये प्यार सरल है,
पर सच्चा है...
और शायद
सबसे खूबसूरत भी।

प्यार और इश्क़ के बीच

प्यार जैसे सुबह की पहली धूप,
धीरे-धीरे दिल को सहलाता है,
नर्म सा एहसास बनकर
हर दिन नया रंग लता है।

प्यार में सुकून की खुशबू है,
जैसे माँ के आँचल की छांव,
जिसमें थककर बैठ जाओ तो
मिल जाए हर दर्द का ठांव।

पर इश्क़...
इश्क़ तो तूफान की तरह आता है,
बेखबर, बेकाबू, बेइंतहा,
दिल की हर दीवार गिराता है।

प्यार में सोच होती है,
इश्क़ में बस जुनून रहता है,
प्यार में "तुम" भी शामिल होते हो,
इश्क़ में "मैं" भी कहीं गुम रहता है।

प्यार कहता है - "साथ रहेंगे",
इश्क़ कहता है - "तुम ही रहो",
प्यार में रास्ते मिलते हैं,
इश्क़ में मंजिल भी खो जाती है कहीं।

प्यार एक मीठी सी कहानी है,
जिसे धीरे-धीरे लिखा जाता है,
इश्क़ एक अधूरी शायरी है,
जो बस महसूस किया जाता है।

शायद इसी फर्क में छुपा है राज़,
दिल के हर धड़कने का,
प्यार जीना सीखा देता है,
और इश्क़... मरकर भी जी जाने का नाम।

तेरे इश्क़ में क्या बन जाऊँ...

तेरे इश्क़ में क्या बन जाऊँ,
एक ख्वाब बनकर आँखों में उतार जाऊँ,
या धड़कन बन तेरे सीने में
हर पल चुपके से गुजर जाऊँ।

तेरे इश्क़ में क्या बन जाऊँ,
हवा बन तेरे पास रहूँ,
या खुशबू बन तेरी साँसों में
खुद को हर रोज़ बिखेर दूँ।

तेरे इश्क़ में क्या बन जाऊँ
एक नदी बन तुझमें समा जाऊँ,
या समंदर बन तेरे अंदर
हर लहर में बस जाऊँ।

तेरे इश्क़ में क्या बन जाऊँ,
बस इतना सा ख्वाब है मेरा,
तू जो चाहे वही बन जाऊँ,
पर तुझसे कभी दूर न जाऊँ...

मुझे सिर्फ तू चाहिए

मुझे ना चाँद चाहिए, ना तारे,
ना कोई ख्वाब सुनहरे प्यारे,
इस दिल की बस एक ही ख़्वाहिश है,
मुझे सिर्फ तू चाहिए।

ना दौलत की चाह, ना शोहरत का नशा,
तेरे बिना सब लगता है अधूरा सा,
मेरी हर खुशी का बस एक ही राज है,
मुझे सिर्फ तू चाहिए।

तेरी हँसी में मेरी दुनिया बसती है,
तेरी आँखों में मेरी सुबह सजती है,
मेरी हर दुआ का एक ही नाम है,
मुझे सिर्फ तू चाहिए।

अगर मिल जाए तू, तो सब कुछ मिल जाए,
वरना ये जहाँ भी अधूरा रह जाए,
मेरे हर लफ़्ज़ की आख़िरी सच्चाई है
मुझे सिर्फ तू चाहिए...

जब तुम 'हम' बन गए

जब तुम 'हम' बन गए
तो जैसे वक़्त ने ठहरना सीख लिया,
मेरे हर अकेले पल ने,
तेरे साथ में जीना सीख लिया।

पहले "मैं" में थोड़ा सा सन्नाटा था,
और "तुम" में कुछ अधूरी बातें,
पर जब "हम" बने,
तो हर कमी ने अपनी जगह पा ली।

तेरे हाथ का वो हल्का सा स्पर्श,
अब मेरी आदत बन गया है,
तेरी हँसी का हर एक रंग,
मेरे दिन का उजाला बन गया है।

जब तुम "हम" बन गए,
तो ख्वाब भी सच लगने लगे,
और जो डर था खो जाने का,
वो भी कहीं छुपकर सो गया।

अब ना "मैं" अकेला हूँ,
ना "तुम" कहीं दूर हो,
इस छोटे से "हम" में
एक पूरी दुनिया भर गई है।

शायद इश्क़ यही है,
जहाँ दो लोग नहीं रहते,
बस एक एहसास बनकर,
हर धड़कन में "हम" बसते हैं...

हमारी कहानी अगर किताब होती

अगर हमारी कहानी किताब होती,
तो उसका पहला पन्ना
तेरी एक अनजानी मुस्कान से खुलता,
और मेरा दिल बिना पढ़े ही
उस पर यकीन कर लेता।

हर चैप्टर में थोड़ा सा तू होता,
थोड़ी सी मैं बिखरी होती,
और "हम' हर बार
नए अंदाज में लिखा होता।

कुछ पन्नों पर हँसी के रंग होते,
कुछ पर खामोशी की स्याही,
कहीं इकरार की हल्की रोशनी,
तो कहीं इंकार की गहराई।

एक पेज ऐसा भी आता,
जहाँ हम एक-दूसरे को खो देते,
पर उसी पन्ने के किनारों पर
हम फिर मिलने की दुआ लिख देते।

अगर हमारी कहानी किताब होती,
तो उसका अंत इतना आसान न होता,
हर बार आख़िरी पन्ना पलटते ही
एक नया किस्सा शुरू होता।

और शायद,
उस किताब का नाम भी कोई न रख पाता,
क्योंकि उसमें "मैं" भी थी, "तू" भी था,
पर असल में बस "हम" ही नजर आता।

वो किताब अलमारी में नहीं,
दिल की शेल्फ पर रखी जाती,
जहाँ हर धड़कन उसे पढ़ती,
और हर साँस उसे दोहराती।

www.ingramcontent.com/pod-product-compliance
Lightning Source LLC
Chambersburg PA
CBHW070651240926
51846CB00003BA/872
9789375433514